JN411356

오늘의문학시인선 433

최종진 다섯 번째 작품집

가을 강가에 서서

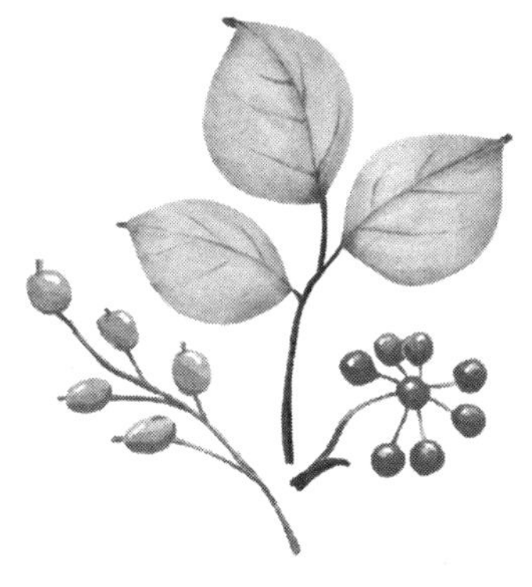

오늘의문학사

국립중앙도서관 출판예정도서목록(CIP)

가을 강가에 서서 : 최종진 시집 : 최종진 다섯 번째 작품집
/ 지은이: 최종진. -- 대전 : 오늘의문학사, 2018
p. ; cm. -- (오늘의문학시인선 ; 433)

충청북도, 충북문화재단의 후원으로 발간되었음
ISBN 978-89-5669-944-8 03810 : ₩9000

한국 현대시[韓國現代詩]

811.7-KDC6
895.715-DDC23 CIP2018029890

가을 강가에 서서

■ 시인의 말

'너덧 아름드리가 좋이 넘는 느티나무에 다가서 조그만 팔을 벌렸던 초등학교 시절의 어느 초가을!

도저히 손끝이 맞닿을 수 없음에, 그저 안타까이 쳐다보던 하늘이 어찌 그리 맑고도 푸르렀던지…'

1994년 등단지에 당선 소감을 이렇게 쓴 것 같다.

20여 년이 훌쩍 넘었어도 시 쓰기는 여전히 닿지 않는 느티나무 동체胴體처럼 내겐 버겁고 신산辛酸한 일이었다.

퀴블러 로스가 정리한 '상실의 5단계' 부정否定, 분노憤怒, 우울憂鬱, 대화對話와 타협妥協, 인정認定에서 시사하듯 부족함을 인정하고 분수껏 쓰고 살아가는 게 노후의 건강을 지키는 지혜 같다.

2018년 초가을
최 종 진

■ 목차

시인의 말 / 4

제1부 가을 강가에 서서

이사를 하며 / 10
참말입니다. 아부지!! / 12
초가을 소묘素描 / 14
각연사覺淵寺 / 16
지금도 그곳에 가고 싶다 / 18
탄금대에서 / 20
지금처럼만… / 22
경칩驚蟄 무렵 / 23
때론 흔들리는 게 더 아름답다 / 25
가을 강가에 서서 / 27
그래, 그건 그렇다고치고… / 29

제2부 11월의 사랑

꽃등을 달 듯 / 34
지금 우리가… / 36
곶감… / 38
고춧대 옆에 차를 세우고 / 40
바구니 / 42
길 위에서 / 44
환한 사랑 / 46
강을 만나며 / 48
마른 꽃 / 49
11월의 사랑 / 50
겨울 강 / 52

제3부 당신은 모르지?

당신은 모르지? / 56
그저 이리도 그립기에··· / 58
어머님의 화단 / 60
까치를 위하여 / 63
치타cheetah를 위하여 / 64
카멜레온chameleon / 66
보미! 당신이 정녕 오시는건가요? / 68
사람들은 저를···저를··· / 70
고로쇠 물 / 72
커피숍에서 / 74
그대 / 76

제4부 깊은 산속 옹달샘에서

호암지虎巖池에서 / 78
개인전에서 · 1 / 80
개인전에서 · 2 / 82
안면도에서 / 85
통일전망대 가는 길 / 86
갈전곡봉 산행山行 / 88
클린에너지 파크에서 / 90
산은 여전히 산으로··· / 92
섭지코지에서 / 94
깊은 산속 옹달샘에서 / 96
어느 요양병원에서 / 98

제5부 들길

냉이 / 102
아침 산책 / 103
영산홍 / 104
벌초伐草 / 105
백로白露 / 106
어머님 추도예배追悼禮拜 / 107
허수아비 / 108
들길 / 109
호암지虎巖池 / 110
무릉계곡武陵溪谷 / 111
소리길 / 112
단양찬가丹陽讚歌 / 113

제6부 세월이 여류해도 꿈은 차 오르고…

제주에서 · 1 / 116
제주에서 · 2 / 118
본향을 향하는 순례자의 길 / 120
기쁨의 단을 쌓겠습니다 / 123
영광의 면류관 / 126
세월이 여류如流해도 꿈은 차오르고… / 128
감사의 시 · 1 / 130
감사의 시 · 2 / 131
로뎀나무 / 133
하늘재에서 / 134
희년의 나팔을 불며 / 136

詩評 - 김영대(문학박사)
츤데레, 그리고 소확행 / 140

최종진
다섯 번째 작품집
가을 강가에 서서

제1부

—

가을 강가에 서서

이사를 하며

미련 없이 버렸다
30년을 훌쩍 넘긴 남루의 흔적을…
한 해 다 가도록 입지 않은 양복이며 티셔츠,
유행 지난 거라며 닦달하는 아내의 성화에
상표마저 떼지 않은 것조차…

비인 화분과
피어나는 야생화도 이웃에게 나눠주고
장롱 깊숙이 모셔 둔 빛바랜 원고들…
거기 촘촘히 써내려 간 각종 기념 축사와
수기手記, 습작의 시 나부랭이 뭉치들을
쓰레기통에 차곡차곡 담는다

4~5개의 월간지
족히 10년치나 쌓인 걸
모두 자루에 담아 버린다
각종 수상 기록까지…
그러고 보니 살아감의 증표가 되었을
수많은 "증"과 "장"이 이제는 덧없고
한 장의 휴지조각에 불과해 보인다

웃고 있는 패기 어린 젊은 시절
흑백사진으로부터
회갑 기념 해외여행 사진까지
이젠 모두 파쇄破碎해서 버리리라

아까워 주저할 것 없이
비로소 버리고 나면 홀가분해질 테니…
그래도
얼마를 더 버려야
정말 탈속하게 가벼워지고 깡똥해질까?
아직도
회한처럼 쌓여가는 내 삶의 우수 사리…
치기 어린 자신감마저
비우고 버릴 일이다

참말입니다, 아부지!

참 오랜 세월을 돌아
참 나리가 피어나는 계절
참 나무 숲 산모랭이
참 깨밭을 지나니
참 외 원두막이 보이고
참 개구리가 텀벙대고
참 붕어가 유영하던 맑았던 그 개울

참 나물 뜯던 유년의 내 고향이
아직도 푸르게 살아있네.
참 꽃을 따서 흩뿌리던
참 기름처럼 고소했던 옛사랑도
이젠 가물가물

참치김밥으로 정자나무 아래 앉아
허기짐을 메우니
참 매미 자지러지게 울어대고
참 새떼가 무심하게 재잘대던 그날…

참 되고 바르게 살거라!
곤고한 삶 속에서도 이르시던 어버이…
참 말입니다. 아부지!
여적 제 이름만큼 살아가고 있습니다.

초가을 소묘素描

눕다 일어서기를 반복하다
지친 갈대와 억새를
다시 바람으로 엮어놓고
가을 빛 저무는 포도 위를 달리노라면
눈매 선한 여인이 창가에 다가와
들풀처럼 웃고 있네

그녀와 나
몇 번 전생에서
옷깃이 스쳤길래…
저리도록 시린
샛강 여울목을
몇 번 손잡고 건넜길래…

이렇게 남해를 향하며
황금 들녘을 주시한
나의 망막에
아슴아슴 새겨지는 걸까?

여장을 풀고 차를 마시면
혀끝에 아스라이 어리는 향
그 맛에 실린 여운처럼
오달지게 그리운 이름 하나
연신 손짓하고 있네

이 저녁
엇바뀐 계절의 길목에서
해변을 바장이면
걷어차이는 미세한 해풍과
수그러들지 않는 파도는
내 삶의 나이테를
더욱 단단히 해주려고
저리 서두르고 있는 걸까?

이름 모를 역사驛舍 가득 피어나
코스모스같이 청초한 그녀가
아직도 섬처럼 둥둥 떠다니고 있네

각연사覺淵寺

그대 보고픈 날은
구도의 순례자처럼
찾아가는 보개산寶蓋山

천년 고찰
멈춰버린 시간 속에
대웅전大雄殿 뜰 모퉁이
나목의 감나무
까치밥만이 보시인 양 외로워라

삼성각三聖閣에 촛불 켜고
빌어보는 속세 기원
기왓장에 그 뜻 다시 새기면
여인의 꿈도 이뤄질까?

갇혀있는 목어木魚는
오늘도 두 눈 뜨고
살아생전 생불하라 이르고
비로소 그날 범종과 법고도
함께 소리 내어 울겠다 하네

서늘한 감로수가
죽장자로 내려치듯
잠자는 혼을 깨우고
면면이 지켜온 세월
알 듯 모를 듯한
석조 비로자나불 불상만이
고적한 산사를
지켜내고…

지금도
아득히 귓전을 때리는 그 소리
할!

지금도 그곳에 가고 싶다

산모롱이 돌아
쪽빛 강물 출렁이는 철교를 지나
굽어진 노송 몇 그루 역사 주변에
고즈넉했던 간이역

하루 몇 차례 객차가 멈춰섰다 가지만
타고 내리는 이라야 고작 여남은
애초 계획도 없이
무작정 밤차에 몸을 싣고
목적지에 다다르기 전
그곳 풍경에 이끌려
성급히 내리고 말았던…

우수 경칩이 지났어도
맵찼던 샛강가를 거닐며
떨쳐버릴 것을 버리지 못하고
힘겨워했던 그 아픈 기억의 이른 봄

이젠 버리자
이젠 잊자
단단히 벼르고 왔지만

정말 나는 그날 이후로
잊고 버리고 살았던가?

단조로운…
공어 배때기처럼 더 까발릴 것 없이
그저 뻔한 일상 속에
나는 뭐가 차고 넘쳐 버리고자 했던가?
얻으려 하기보다
진정 탈탈 비우고 잃어져야만
비로소 새로워진다는 걸
어슴푸레 느꼈던 내 성장통
마지막 상실의 밤

요즈음
그 역사驛舍가 새삼 그립고
칼바람에 떨던 강가로
자꾸만 달려가고 싶다

탄금대에서

마냥 아름다웠습니다
곁에선 사랑이
가을을 그려주어
함께 늦가을로 걸어들어 갔습니다

이파리처럼 작은 새 한 마리
내 안의 고백을 대신합니다
숨소리처럼
평화로웠던 햇살
자맥질하던 오리들도
강의 풍경을 따라 내 안으로 들어옵니다

우리 앞에 선 모든 것들이
뜨겁고 깊게 살뜰한 사랑의 빛으로
머무는 강가
바닥을 드러낸 메마름조차
빛나는 휴식의 눈빛으로 다가섭니다

사랑 속에서
수백의 촛불이 꽃처럼 피어나고
눈부신 하늘의 베일을 걷어
수천의 별들과 입맞춤하는 시간

그렇게 그대 안에서
내 안의 정령들이 노송 가득한
산책길을 서성일 때
축복처럼 스쳐가던 빛의 나루터에서
영원을 향해 떠나는 나룻배 하나
당신의 그림 속으로 들어옵니다

지금처럼만…

보고프다고 말해버릴 걸 그랬습니다
이렇게 두터워진 어둠 앞에서
우두커니
기억속의 당신을 부를 바에야
아직 당신의 발길이 동구 밖에 머물 때
달려가 한 번 더 마주할 걸 그랬습니다

깊어가는 밤이 차라리 감사합니다
가물거리는 의식이 차라리 다행입니다
시간이란 조각배에 몸을 맡기고
흘러가는 산야를 바라보다가
문득
강에 어린 당신의 모습을 바라보는 게
언제나 그만큼의 거리에서만
함께 바라볼 당신 가진 슬픔도
당신이 오지 않았을 때에 비하면
얼마나 큰 기쁨이며 행복인지요

언제나 거기서 빛을 줘요
지금처럼만…

경칩驚蟄 무렵

– 이젠 말할 수 있다

벌써 잊혀진 세월
경칩驚蟄 무렵
교정의 수목원 산수유 가지 위에
다문다문 떨어지던 눈송이가
오늘 어슴막에 왜 풀풀거리며
다시 가슴을 적셔대고 있는지

맞아! 그러고 보니
꼭 이때쯤이었지
작은 일에도 감동되어
어깻죽지 들썩이며
당신 아스므레한 동공 속에
남고 싶어 했던
바람 같은 날
그대 아직도 기억하시는지?

정말 빈털터리 가슴으로
오기만을 붙잡고
화톳불같이 타오르자며
터벅터벅 황톳길 걸어

산사山寺에 이르도록
고즈넉 말씀 없으셨던 그대

혹여
요즈막도 산길 홀로 걷다가
지워진 이름 하나 생각나신다면
초가 추녀 끝에
매달린 고드름처럼
그대를 향해 줄줄 녹아내리는 게
내 사랑법이였었다고
이젠 말할 수 있을 것 같애

증말이야

- 증말 : 정말

때론 흔들리는 게 더 아름답다

된서리에 떨어지는 낙엽이거나
늦봄 흰 눈처럼 흩뿌려지는 꽃 이파리가
그냥 수직으로 뚝 떨어진다면
얼마나 무미건조하고
감흥感興이 없는 일이겠는가?

느지막한 주말
피곤한 몸을 귀향 열차에 싣고
어둑컴컴한 터널을 빠져나와
문득 차창 밖을 바라볼 때
다소의 흔들림도 느껴보지 못했다면
고향에 대한 절절한 그리움은
혹시 떠나올 때보다 반감半減되지 않을까?

잔잔한 수면 위
이미 너무 너무 멀리 떠나온
나뭇잎 하나
고즈넉 기우는 석양 아래
미동微動도 없이 떠있기만 한다면
그것이 평안일까?

잔물결이 일렁이며
흔들릴 때 오히려…

세상 살아가는 이치도
정지된 고요함보다는
부딪치고 흔들릴 때
비로소 아름다움이 묻어날 것 같은데
왜 모두 흔들리면 안 되는 것으로
알고 있을까?

흔들림으로 인하여 도전받고
생명력生命力이 있기에
가능성可能性이 있는 게 아닐까?

가을 강가에 서서

누웠던 억새풀이
다시 일어서는 가을 강가에 서면

눈물 같은 초승달이 걸린
서산 위로 철새가 날아가고
종점을 향해 달려가는
마지막 열차의
기적이 숨가쁘다

그렇게 시새움 하며 살아온
어제와 오늘들을
저 침묵의 강 속에
조약돌 던지듯 던져버리면
내 마음도 다시 마알개지려나?

온통 붉게 타던 단풍잎이
팔랑대며 떨어지는 가을 강가
저 천년을 두고 흘러온 강물…
깊어질수록 조용해지는 의미를
지천명이 가까워 오니 알 듯도 하네

언제였던가?
가을을 앓던 시절
살아가는 건
살아지는 게 아니라
살아내야 한다고…
어느 눈 맑은 남자가 들려줬던
그 한 마디에 방황을 마치고
내 삶의 자리고 돌아왔던 게

오늘도
계절이 깊어가는
가을 강가에 서서
아득히 잃어진 옛날을 더듬으며
부스스한 머리칼을 흩날리고 싶네

그래, 그건 그렇다고치고…
그래도 그렇지 그럴 것까지야…

이봐! 당최 그러지 말라고 했잖나
세상 고민 혼자 다 떠안은 것처럼
그렇게 과음하면서
자네 자신을 자학自虐하지 말게나

흰눈이 풀풀대며 내려앉는 저녁 무렵
운동장에 나아가 산을 보고 하늘을 바라보게나
자네 적신赤身으로 이 복잡다단複雜多端한 세상에 와
꼭 자네가 해야 할 일들이…
감당해야 할 몫이 얼마나 큰지 헤아려 본 적 있는가?

자네가 하찮게 여겨 생각 없이 지나치려 했던
사소한 일들만 해도
때론 그 결과가 어떻게 나타났었는지 모르겠나?
우리가 가고 있는 이 길이
늘 정의롭고 깨끗하다고 단정할 순 없겠지만
그래도 부끄럼 없이 떳떳하지 않았나

이봐! 그래 자네 일은 그렇다치고
그래도 그럴 것까지야 있나

팽개쳐진 듯 나락으로 떨어져
끝장난 것처럼 살아가야 할 필요가 뭐 있냔 말이네

자네 우중충한 도시의 신새벽
외곽도로를 운동 삼아 뛰어본 적 있던가?
거기 대열 중에 선수만이 있는 게 아닐세
절뚝이며, 헐떡이며 손잡고 뛰다 걷다를 반복하는
사람들도 많이 있더라구

젠장 세상에 나와 여보란 듯 이뤄 놓은 것 하나 없지만
그래도 늘 새로워지자고, 희망의 막차를 붙잡자고
걸어온 길 돌아보지 않고 이렇게 헉헉대며
달고 있는 게 아니냐구…
별수 없이 세상은 한데 어울려 뛰고 있는 거라구

비록 우리가 목청 돋우고 살아가진 못해도
아직은 눈치 보지 않고 일할 수 있는 건
새로운 시작을 할 수 있다는 희망 때문이라네
그래 살아간다는 건 상실의 의미보다
알이 깨어져야 올찬 생명生命이 되어지듯
시리도록 푸른 세상을 눈 똑바로 뜨고 쳐다보는 일이야

그래, 그건 그렇다 치고…
그래도 자네가 그렇게 그럴 것까지야 뭐 있나?
힘내라구…

최종진
다섯 번째 작품집
가을 강가에 서서

제2부

—

11월의 사랑

꽃등을 달 듯

그리움의 살을 발라
내 안 가득한 허기를 메우면
돌아서는 발길마다에
아메리카노를 즐겨 마시던 너를 만나고…

환한 목숨으로
함께 가야 할
호수의 길목마다에 꽃등을 달듯
우리 생生의 이름표를 매달아 두면
눈길 머무는 세상
모든 것들은 활활 타오르는 촛불이 되지

그리움을 참는 시간
하염없는 기울기로 일어서고
들국 향 짙은 산모롱이엔
물안개 연신 피어올랐다 사라지는데

살아간다는 건
어쩜 만나야 하는 이름보다
더 절실한 호흡의 무게를
감당해 내야 하는 일

그리고
노루 꼬리만큼 한 저녁해의 길이처럼
남은 생의 아쉬움도
서둘러 갈무리해야 하는 것

지금 우리가…

지금 우리가…
서둘러야 하는 건
늘어가는 시간의 부채만큼
걸어가야 할 생生의
입금표를 챙겨야 하는 일

허기와 맞서가는
냉혹한 삶의 눈빛을 감당하는 일은
순한 사랑의 노래만 허락하진 않기에
그리움을 견디는 힘으로
훨훨 날아올라
그대가 견뎌온 세상 속에서
굳건히 지지 않는 풀잎으로 살아
어느 날 어둠을 견뎌 낸 풀잎마다에
이슬 함초롬한 새벽을 안겨 주는 일

가시뿐인
그리움의 종착역에 어둠이 와도
새벽은 새 살 돋는 순환의 열차로
다가오는 것

그 눈부심을 향함이
그리움을 견뎌야 할 이유였네

지금 우리가…

곶감

둥글어지리라
정갈한 제기祭器 위에 오르려면…

눈 막고 귀 먼 세월
지그시 제 몸 낮추면
이윽고 다다를 수 있는
세월의 끄트머리

단내 나는 속살로
맵찬 바람 맞아가며
비로소 홀로 익힌 아픔의 의미

올찬 속
단단한 껍질 내어주면
손 가득히 감겨오는 유연함
따순 햇살 구석구석 박아두고
흰 가루로 분칠한 채
그 누구와도 타협치 못한 외곬

이제 제 안에 가둔 세월 툭툭 털면
탄력 있는 과육으로
누군가 유년의 추억에 젖은
입속의 향기로 남을 수도 있겠네

고춧대 옆에 차를 세우고

입동이 다가서기 전
고춧대 옆에 차를 세우고
된내기에 삶겨진 고춧잎을 바라본다

키를 맞추듯 도열한 고춧대는
잘게 이는 높새바람에도
가볍게 흔들리고
어스름 저녁연기가
울타리 너머 피어오르면
기다림을 지피며
누군가 따뜻한 손길로
밥을 안치고 있겠지

살아가며 가끔
책장 속 깊이 끄적이다 놔 둔
해묵은 시 나부랭이 뭉치를 보며
마음 한 자락 슬며시
평화로워지는 걸 느껴보지만

그래도 아직 걷어내지 못한
가시와 잡풀만이 무성한 마음 밭…
몸 부딪는 고춧대 소리에
스스로 가둔 굴레와 관념을 털고 나면
더 이상 허방을 딛지 않고
조금은 단단해질 수 있으려나?
날아오르고픈 눈부신 가시나무새처럼…

바구니

당신 가시고 난 툇마루 아래엔
낡은 바구니 하나
때 절은 육신을 구기고
혼곤히 잠들어 있네

그 옛날 튼실한 어깨에 올라
두둥실 신명 지펴 살아온
바람 같은 세월 홀연히 비워둔 채…

왁자지껄한 장터
난전에 바투 앉아
건드러진 육자배기 가락도 담아보고
곱게 싼 아이 옷가지이거나
비린내 나는 생선, 흙투성이 대파도
너울대며 흔들려가던 세월

모든 소용 닿는 이의 손끝에서
말없이 닳아가는 육신으로 살아
그렇듯 견고한 자리들이
제게 오는 것들을 감싸며 허물어져도

안으로 여민 가슴은
어쩜 내내 열려있었고
눈빛 하나 찌푸려지지 않았구나

당신 가시고 난 후
비로소 깨닫는 잠언箴言 한 구절
'애써도 담아낼 수 없는 것들이
세상에는 저리도 많았다는 것을…'

길 위에서

때로 나는 내가 타는 차가
큰 차인 줄 알았다
그래서 주차를 하고
골목길 빠져 다니기가 힘든 줄 알았다

언제부터인가
제법 운전이 자유로워지면서
주변을 살펴보니
세상에, 웬 큰 차들이 저리도 많은지
진짜 집채만한 차들이
거리를 어슬렁거리고 있었다
사람은 없고
차들만 빼곡히 줄 서기 한 골목길
사람 다닐 길을 당당히 점령해 버린
도로 가며, 학교 앞 거리

언제부터인가
사람들은 제 안의 집을 버리고
길 위의 집에 살게 되었던가
내 안의 집이 넓은지 좁은지는
세상에 나가 부대껴보면

금방 알 수 있을 것이고
내 차가 내게 알맞은 부피인지도
누군가의 차 뒤에서
괜히 불편해지지 않는지
내 안을 바라보면 되는 것

바라노니, 차주들이여!
마음의 길을 넓히면
좁은 세상 나다니기가 얼마나 수월하실꼬

환한 사랑

내 그리움이 흔들리는 자리
침묵 속에 피어난 꽃의 미덕이
창살 너머 바람 따라 밤하늘로 퍼진다

머잖아 피어날 거라던
그대의 말씀처럼
오늘 호접란이 피어났다
깊고 좁던 생애도
환한 사랑 가득 피어날
텃밭 축축한 습기로 편안하다

그대의 온기 머문
늘 새로운 나의 시간들
그 시간 위에 놓인 발자국들이
외롭잖아 행복하다

내게 세상은
고요한 풍경으로 서서
요란하지 않은 몸짓으로
이 무겁고 메마른 어둠 밀어내는
눈부신 힘 닮아가는 일

그대가 일깨워 준 사랑법처럼
거친 땅 위에 뿌려준 마음처럼
남김없이 제 빛으로 타는 찬란함
그 누구도 범접할 수 없는

향기와 눈빛을
창살 속에서도
메마른 콘크리트 한 귀퉁이에서도
거침없이 뻗어가는
풀잎처럼
꽃처럼 지녀가리라

강을 만나며

자유롭지 않아서
강으로 간다

속을 보이지 않는
빛나는 마음 하나
조용히 만나고 오면
잊은 듯 두고 와도
허전하지 않은 게 있다

어느 때는
두고 온 것을 찾으러 간다
다 안다는 듯
마알갛게 속을 열어주는 강
세상 것 하나 걸치지 않아도
가장 빛나는 몸짓

간판도 없고, 주소지도 없고
저장할 전화번호도 없지만
가장 빨리 앞서가고
가장 오래 남는다

마른 꽃

어둠의 등 뒤에서
나 비로소 보았네
그대를 바라볼 수 없는 시간 속
슬픔의 정갈한 눈초리를…

눈물겹던 추억들은
너무 빨리 고운 색깔을 지워가고
거꾸로 매달린 채
마른 손길을 거부하고 있음도…

박제된 추억의 고요한 뒤척임

그대 대신
슬픔을 마신 잔으로
연신 시간을 빗질하노라면

눈물 배인 눈꺼풀처럼
이윽고 커튼이 내려지고
발자국 소리 아득히
멀어져 가고 있네

11월의 사랑

한잎 한잎 꽃잎 떨구는 시간들
그리움의 귓등으로 강은 흐르고
어느새 젖어있는
꽃의 세월을
강에게 묻고 있다

흐르는 것들은
침묵으로 말하는 겹겹의 사랑
한겹 한겹 어둠의 밀어를 접는
11월의 강은 어느새
마지막 꽃잎 하나 가슴에 안고
저문 하늘이 내려와 앉은 나루터
낡은 조각배를 밀고 있다

어찌 보낼까…
보고픈 사람아
우리의 11월,
한잎 한잎 꽃잎 떨구고
마지막 잎새 하나 남겨두었다.
우리 함께
시린 세월의 담벼락에다

영원히 지지 않을 푸른 잎새 하나
떨구지 않을 11월의 소망으로 그려야겠다

차마 놓고싶지 않았던 시간들 모아
앙다문 입술로 참아내던 그리움 모아
섣달에도 얼어붙지 않고
뜨겁게 불 밝히는
우리 생의 화인으로
서로의 가슴속에 마지막 잎새 하나
그려야겠다
차마… 놓고 싶지 않은 움켜쥠으로…

겨울 강

빗장 지른 강
서슬 퍼런 냉기가
자욱하다

마실 나온 햇살처럼
닫힌 문 두드리며
까치발 해보지만
기척이 없다

두터워진
세월의 겹을 넘어서려던
마음의 돌팔매가
제풀에 지쳐 맴돌고
떠났던 자리
다시 돌아와 서면 눈물겹다

허물어지지 않는 얼굴처럼
강 언저리를 지키는
바위 곁에 서 본다
익숙하게
제 무게로 자리하기까지

바위는 무수한 빛과 어두움을
안으로만 삭혔으리라

보이지 않는 것들의 분주함이
심장의 울림처럼
길고 묵묵한 자취를
그렇게 남기고 있다

최종진
다섯 번째 작품집
가을 강가에 서서

제3부

—

당신은 모르지?

당신은 모르지?

– 절망으로부터의 글쓰기

당신은 모르지?
내가 은밀히 저지르고 있는 불륜을…
밤이면 몰래 정원에 나가
꽃등을 달고
씨앗을 품는 걸…

품 안에서 활활 타는 꽃들
어둠이 깊으면
추적추적 비라도 내리면
더 깊이 달아오르는 꽃잎…

가시를 뿜어 올리고
붉은 꽃잎으로 달아오르는 시간
우두커니 선
어둠의 어깨를 젖히며
네온보다 현란하게
어둠을 저어가는 힘…
아무도 모르게 키워온
속 깊은 사랑, 그 뜨거운 정의 텃밭
내 안에 있었네

모래알로 서걱이던
가시뿐이던 삶
다시 아침이 오면 어둠이 내릴 때까지
버텨야 하는 오기와의 하루
문득 올려다 본 하늘처럼

어쩌면 등 뒤에서
가장 오래 나를 지켜보던 사랑
꿈이 거세된 시대의 골목에서
빛이 되고, 바람이 되고,
호흡이 되어 스며든
내 하나뿐인 연인을
절망으로부터의 글쓰기라 한다면

당신은 그 이유를 알런가 몰라…

그저 이리도 그립기에…

그래요
이 봄날에 굳은 입술 열어
끝없이 사랑한다 외쳐본들
한없이 미워한다 외쳐본들
푸른 창공을 향해 어딘가를
하염없이 날아가는
한 마리 텃새인 양
우리의 몸짓 또한
꽃잎처럼 흐드러져
봄빛에 겨워 드러누운 한낮의 꿈일 뿐
창을 열어 잠시 바라본 봄은
창을 닫으며 추억하는 겨울은
내 안의 당신을 기억하는
깊은 우물에 비하면 그저
찰나의 빛에 불과할 뿐인지요
내 당신의 곁에서 지낸
잠시의 시간들이
이리도 짧은 눈웃음으로 지나고
떠나야 할 시간이 오면
미련 없이 등 돌려야 하는
인생일 뿐이라고…

당신께서도
행여 조그맣게라도 내 이름을 부르며
깊이 사무쳐 온 적이 있었나요?

기약할 수 없는 내일을 향해
구두끈을 매고
서로의 눈빛에 머문 기억 하나로
인생은 벚꽃처럼 화사하고
바람처럼 흔적 없이 머물다 가는 시간들…

저기 저리도 화사히
꽃이 피고 있네요
바람이 머무는 세상 곳곳마다

우주의 한끝이 허물어지는 듯
아프네요
그저 이리도 그립기에

어머님의 화단

– 아가모 글짓기

어머님!
때론 기쁘고 우울함이 엇갈리는 시간 속에
언뜻 눈을 들어 마알갛게 헹구어진
하늘을 바라보면
어수선했던 마음들이 차분히 가라앉습니다.
거기엔 아직도 태초의 푸르름이
시나브로 숨 쉬고 있기 때문이지요

무심코 오가며
정말 하찮게 버리고, 던져진 것들에 의하여
예측할 수 없는 큰 재앙을
불러온다는 것이 어린 제게는
참으로 충격 그 자체였습니다
하나뿐인 지구가 오염으로
몸살을 앓음에도
우리의 지나친 욕망은 좀처럼
수그러들 줄 몰랐지요

오늘도 따사론 햇볕이 드는 베란다에서
우유팩을 깨끗이 씻어
가지런히 말리시고
또, 지난 신문지를 차곡차곡 정리하고 계실
어머님의 손길이 불현듯 떠오릅니다

무엇 하나 부족함이 없는
이 풍성한 물질문명 속에
그처럼 알뜰하게 몸소 보여 주신
아끼고 절약하는 자린고비 정신
일일이 구분하여 자원으로 삼은
그 조그만 정성을 구태여 이웃과 함께하신
나눔의 사랑을 여지껏 저는 몰랐었지만
이제는 조금 알 듯합니다

아가모의 실천은 결코
그 어떤 특정인이나 단체만의 것이 아니며
또 일회용적인 행사나
표면적인 실적을 바람도 아니요

오로지 생활 속에 전 국민 모두가
참여하여 실천해 나가야 할
기본 지침이자 행동임을 말입니다

어머님!
올해도 어머님이 가꾸실
아파트 공터의 작은 화단에는
어김없이 상추, 쑥갓이 돋아나겠지요
아가모를 향한
제 열심의 결실인 양
수줍디 수줍은 모습으로…

까치를 위하여

먼 산
잔설이 을씨년스러워
초 아침
핼쓱한 내 창가에
아슬히 내려와
다분다분
희망 같은 길조吉兆를
늘어놓고 있구나
여태껏 오도마니 앉아서

치타cheetah를 위하여

감추어진 발톱 밑에 흐르는
흐느적대는 이 평화
굳이 세상을 위해 자신이 길들여진다는
어설픈 생각은 잠시 보류하고
그저 가파른 저 능선 고지를
먼저 점령해야만 한다

포복한 그대들은
숨소리도 죽여라
가는 길 수하에 불응한 자
지위 고하 없이 사살하라
이윽고 승리의 휘파람 불며 오른
나른한 귀갓길
메마른 들풀들은
뽀오얀 흙먼지를 뒤집어쓰고서도
저리도 꼿꼿이 서 있구나

그 누가 젖은 음성으로
내 신분을 물어 온다면
태어난 곳은 밀림 속
세상 포유류 중 가장 빠른 놈이 나라고
깔깔대며 씨부려야지…

카멜레온chameleon

'자유로이 변하여 주위의 상태에
적응할 수 있다'는
학술적인 얘기허군
내가 사뭇 다를 수밖에 없다는 상황을
애써 변명하려는 게 아냐

암울한 회색 하늘을 보며
삶의 출구가 막막해 보일 때
비로소 압구정동은 아니더라도
비상구가 언뜻
내비춰졌던 그 경이로운 시각들
조을던 네온이 갑자기 살아나듯
내 막힌 가슴을 탁 트이게 한
저 소리 없는 빛
빛으로 온 당신!

끝없는 사막의 밤하늘
가로지르던 미리내
게서 뚝뚝 흐르던 꿈
이제사 바스라지는
단단한 내 몸의 각질

무엇이 있는가?
까치발 뜬 봄이 보이고 있다

보미! 당신이 정녕 오시는 건가요?

어느 샌가
나부시 찾아온
낯익은 손님 하나

노곤히 기지개를 켜며
보일 듯한 미소로
아지랑이 속에 낭창거리고 있는
저 춤사위 좀 보라지

그래
당신 이름이 보미春라고 했어

우수雨水 경칩驚蟄 해토머리에
꼭 애드벌룬 같은 설레임만 안겨주고
훌쩍 떠나곤 했던 보미…

올해도 그 모습 그대로 다가오건만
언제부터인가 당신을 향했던
내 마음속엔
작은 변화가 일곤 했지

무엇이 당신의 화사한 몸짓을
다소곳 받아들일 수 없게
손사래치고 있는 건지 알 수 없지만
당신이 시나브로 떠나갈
그때쯤이면
내 얼었던 마음 밭도
꽃 피고 새가 울 거요
그리고
명년에 찾아올 그때를
또 기다림 하면서…

사람들은 저를…저를…

당신!
요즈음 많이 힘드시지요?
이제 조금
조금만 기다리세요
그럼 제가 당신 가까이 다가갈게요
아주 상큼하고 시원한 모습으로
또 예쁘고 아름다운 모습으로
때론
센티한 모습으로
당신 가까이 다가갈 게요

어쩜 제가 다가서면
감상적인 당신 가슴을
흠뻑 적실 수도 있겠네요
그렇다고 괜스레 눈물짓진 마세요
외로워하기도 없기예요
당신 곁엔
언제나 제가 오도마니 서 있을 테니까요

기다리세요
꼭 갈게요
기다려주실 거지요?
저를…
이젠 당신을 사랑하며 살아가겠습니다
꼭
꼭 한번 만이라도…
…
…
…
…
…
사람들은
저를…
저를…
모두 다 한결같이
가을이라고 부른다나 봐요^^

고로쇠 물

몇 해 전 대상포진으로
수원 A병원에 검진 받으러 갔을 때
전공의가 물었다

“지금 아픔의 수치를 최고 10이라고
봤을 때, 어느 정도이신가요?”
“네, 한…4쯤 됩니다”
“저기 누워계신 분들은 모두 8에서 9를 넘는…”

침침한 조명 아래 주렁주렁 매달린
링거를 보고 갑자기 답답함이 밀려왔다
‘그래, 이 정도는 참아야지. 평생을 가더라도…’

오늘 문득 고로쇠 물을 마시며
수액을 짜내기 위해
구멍을 뚫고 호스를 꽂았을
겁에 질린 나무를 생각한다

그리고 암울했던 공간 속
그 링거와 고통들이 되살아나
물 마시기를 멈췄다

또다시 등이 따갑고 가려워진다

커피숍에서

잃어버린 추억을 반추하는가?
잔잔한 음악은
커피향에 녹아들고

언제나처럼
창가에 앉아
눈물 같은 하늘을 지켜보면

룸바뜨향에 빠져 고뇌했던
내 젊음이 스멀스멀 떠오르고
기다림마저
감미롭기까지 했던
그녀와의 만남이
오히려 시니컬하게 다가온다

어느 날
벽 거울에 비친
부스스한 불혹의 중년을
넋 없이 바라보고서야

이젠
혼자 자리하다 돌아서야 한다는 아픔이
편린처럼 들어와 박히면
“그래 이게 내 현주소이지….”
자조적인 웃음 속에
오늘도 외로운 섬이 되어
커피숍을 둥둥 떠다녀 본다.

그대

구태여
작은 섬으로 돌아앉기 위해
준비 없이 떠난
그대

오늘도
무너진 가슴을
습관처럼 쓸어내리며

비 그을 오두막 하나
마련하지 못한 채
집채 같은 파도와
천둥 속에서도
그냥
웃고 섰을
그대

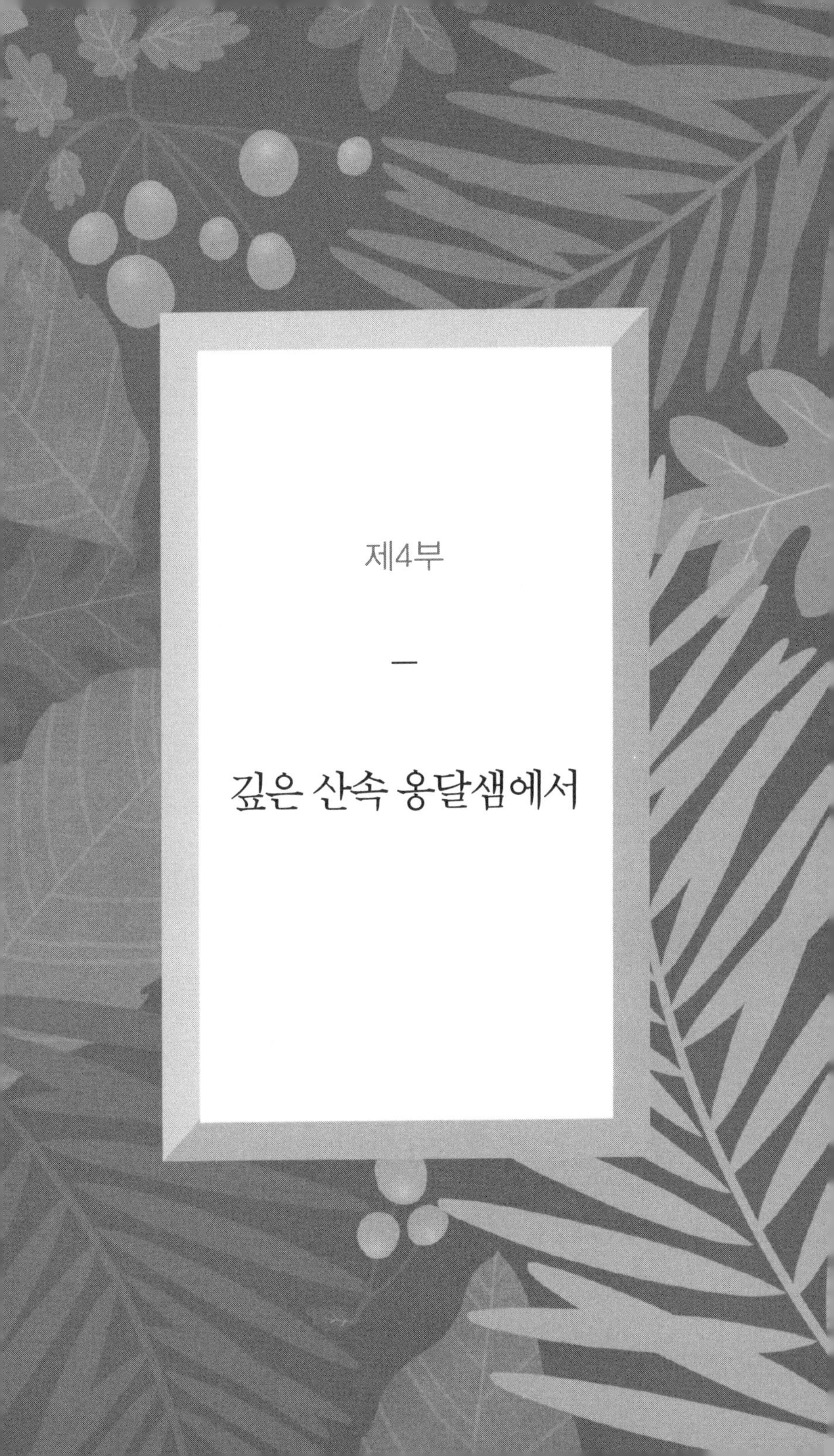

제4부

—

깊은 산속 옹달샘에서

호암지虎巖池에서

벌써 아득한 기억의 저편
그때도 흙길의 산책로엔
웃자란 수초가 호숫가를 가득 메우고
오리떼의 유영遊泳마저 한가로웠겠지

오늘 벚나무 잎새 수북이 쌓인
2.5km 팻말을 지나…
조발조발 맺힌 산능금 길을 지나…
서느런 솔바람 머물던 육각정을 오른다

뙤약볕에 아우성처럼 무더기로 피어났던
개망초도 깔끔히 정리되고,
목숨처럼 연의 끈을 놓지 못해
속울음 삼키며 그대를 보내주던 나무 벤치가
아직 무성한 잡초 속에
덩그마니 남아 있다

그랬지…
늦가을 햇빛은 지금처럼
수목樹木 사이로 은혜롭게 빛나고…
내리 사흘, 긴 잠을 잔 후

고요한 무덤처럼 화석이 되고 싶던
켜켜로 쌓인 슬픔에서 비로소 깨어나
남겨진 자의 목숨에 대한 보고서를
문득 새로 쓰고 싶었던 거지

하여…
여태껏 지상에서 바람처럼 떠돌던
내 삶의 표적標的을
다시 한 번 늦가을 찬바람이
와락 달겨들 굽은 길목마다
따스히 비춰주고 싶다
작은 잎새만한 그리움 되어…

개인전에서 · 1

– 時間 日記

우리는 모두 정체된
유년의 역 어디쯤엔가
머물러 있길 원한다

간이역簡易驛 주변 하늘거리던
코스모스의 모습이라든가…
푸른 파도 너머 일렁이는 돛단배를 바라보던
고즈넉한 여인의 눈매라든가…

잊혀질 리 없는 시간 속
가을 하늘을 유영遊泳하는 잠자리 떼마냥
작은 가방 하나 챙긴 채
여행길에 나섰던 새벽녘,
덜컹이던 화물차의 소음騷音도 멎고
덩그마한 자명종自鳴鐘 시계
들꽃 가득 뭉게구름 떠 있는
낯선 풍경 속에
낡은 스피커에선 연신
교향악交響樂이 울려 퍼지기도 하는데…
오랜 시간 바람과 비를 맞고
준비한 개화開花

자연의 시간과 예술로 승화昇化한
혼불 같은 시간이 실루엣으로 흐른다

오늘도 그 흐름 속에
내일을 향해 발돋움하는 작은 몸짓이
어찌 빛과 울림이 아니랴!
옹골찬 환희歡喜가 아니랴!

개인전에서 · 2

— 정말 이런 女子 또 없었네

무량의 세월 저편
눈매 맑은 女人 하나 있었네
여미고 싶던 속울음
쉽게 아물리라 생각잖던
질곡의 시간들…

아침 햇볕이 은혜롭고
눈 뜨여짐이 감사했던…
기도로서도 채울 수 없었던 헛헛함을
예술로 승화시킨
그녀의 눈초리에서
무지개 같은 희망을 보았네
솟구치는 의지를 보았네
"정말 이런 女子 또 없었네."

내 안에
늘 나를 가두며…
일상에서 언뜻 만난 사람과 사물과
잔잔한 연緣의 편린들이
저리 곱게 채색될 줄이야
女性 안의 男子로…

소리 없는 외침과 울림으로…
살아있는 곡선 속에
사랑으로 감싸 안고 보듬고 싶었던
강렬한 母性의 본능…

들국향처럼 살아온
삶의 우수 사리를
이제 되물어서 무엇하랴
"정말 이런 女子 또 없었네."

오늘
낙엽 지는 계절의 길목에서
가뭇없이 펼쳐진 쉰한 살의 비망록…
살아감이 아닌
살아내야 하는 生과 藝術에 대한
절실한 호흡의 무게…

이제 스스로 낮추고 태워서
진정한 참숯 되길 원하네
뿌리 깊은 나무로~

언제나 퍼주어도 넉넉한 샘물되어
한세월 그렇게 고즈넉이 흐르려네
“정말 이런 女子 또 없었네.”

안면도에서

– 좌대낚시

평소 안면도 없었던
안면도에 갔어도
당최 낯설지가 않았다

아직 피서객도 없는
고요한 밤바다
연신 철썩대는 파도만이
외로운 게 아녔다
엉거주춤 그림자 없이 서 있는
초로의 한 사내도…

사각의 가두리
갇혀있는 우럭과 돔을 잡아 올리며
환호하는 모습들을 보고
갈매기가 혀를 차며 지나갔다

통일전망대 가는 길

녹음이 싱그런 비무장 지대
역사의 흐름이 조용히
예 와서 머무르고 있다

아카시아 숲속으로 언뜻 보이던
지뢰밭 지대의 붉은색 표식이
자못 가슴 서늘하게 와 닿음에
아직은 분단된 조국의 현주소가
생생히 보이는 듯하다

철모 눌러쓴
장병들의 분주한 발걸음과
우렁찬 수하 소리에
화들짝 놀라
포성 잦던 그 해 유월을 헤아리며
응어리진 아픔의 모습들을
나름대로 가늠해 본다

산나리, 개망초, 초롱꽃
이름 모를 풀꽃들이 지천을 이루고
산비둘기, 종다리 느긋이 우짖는

이 DMZ에 평화의 여신은
어디쯤 오고 있는가?
우리의 젊음과 혈기를
충정 어린 구국의 기도로 승화시켜
통일의 문을 열자
한민족 화합을 이루자
함께 손잡고…

- 1993. 10. 제24회 통일문예작품 현상공모 우수

갈전곡봉 산행山行

산굽이 돌다 지쳐
내다보니 해발 1,000m

안개 자욱한 고산준령
멀미마저 나는구나
동자꽃은 수줍게
어서 오라 손짓하고
아름드리 갈참나무 위
'오리궁뎅이 버섯'은
날 따보라 유혹하네

빼곡한 수목 새로
거친 숨 몰아쉬며
허위허위 오른
갈전곡봉 정상
백두대간의 근간이 예일런가?
돌아보니 아득구나

옹기종기 둘러 앉아
정을 나눠 먹고 마신
점심도 별미였네

일상에 찌든 영혼
땀으로 걸러내고
내린천 시린 물에
발 담그고 앉았으니
오호라!
예가 선경이요
행복의 샘터로고…

우리 언제나 묵묵한 산처럼
찬연히 빛나는 새벽별처럼
우직하게 나아가세
효성曉星산악인이여!

클린에너지 파크에서

녹음이 싱그런
클린에너지 파크에는
생명으로 가득 찬 유월이
날숨을 토해내고 있었다

우리 어지럽도록 신산辛酸했던
지난날들일랑 훌훌 떨쳐버리고
산비탈을 뛰노는 노루 고라니처럼
아주 단순해져 볼 일이다

버려서, 탈탈 비워서
비로소 날 세웠던 마음들이
무뎌질 수 있다면
차라리 버겁던 사랑이며
소망 따위도 잠시 잊을 일이다

하여 "이 또한 지나가리라."
솔로몬의 지혜를 구하지 않아도
더불어 살아가는
우리 손바닥만한 초록의 꿈

어제 같은 오늘 속에
눈 들어 연록의 풋풋함을
시리도록 바라보며
어깨 겯고 나갈 일이다

- 2012. 6. 8. 제13회 환경한마당 글짓기 행사장에서

산은 여전히 산으로…

지청구처럼 쏟아붓는 늦가을 비에
산새도 쉬어가는 조령관문
옛 과것길엔
빨강, 노랑 물감을 풀어놓은 듯
천자만홍千紫萬紅의 단풍이
눈부시게 황홀하다

우의를 입고 질펀한 길속에서도
모처럼의 일상탈출은
저리도 흥겹던가?

가는 계절을 아쉬워하듯
삼삼오오 짝을 지어 오가는
사람, 사람들의 물결
과학과 문명의 이기에서…
식상한 정치 얘기와 복잡한 업무도…
오늘만큼은 툭툭 털어 볼 일이다

솔잎과 단풍나무 사이
바람마저 저리 영글어
무리 속에 혼자 걷는 나의 생각을

일으켜 세우고 있나니
오늘 밤
목련나무 밑에서 올려다 볼
별빛마저 정겨우리라

연신 빗속에서도
흠씬 젖어 팔랑대는 단풍잎과
수북이 쌓인 낙엽을 담고 있는
젊음들이 싱그럽다

이제 또 서리 밭에 피어났던
하얀 들국도 지고
흰 눈 내리는 고즈넉한 계절이 와도
산은 여전히 산으로 남아
함묵含默의 의미를 되새김질하겠지…

- 2012. 10. 27. 충주평의회 조령산 등산대회

섭지코지에서

– 아직도 靑靑한 그대들

포말이 밀려오는 바닷가
때 묻은 일상을
이제 좀 훌훌 털어버리라
속삭이는 한 줄기 바람이고 싶네

녹색 이파리를 헤집고
계절 모르게
노오란 그리움처럼 익어가는
한 개 작은 밀감이고 싶네

부딪치며 때로 좌절하고
또 아득한 심연深淵의 나락으로
떨어지기도 했던 어제였었지

이제 철 이른 추위 속에서도 벙그는
해당화처럼
열혈熱血의 가슴으로
섭지코지 바다 위로 떠오르는
태양처럼…

남단南端의 제주濟州에서
한 목소리로 공통분모를 이룬
충북신협 68명의 전사戰士들이여!
아직도 청청靑靑한
그대들의 굳은 의지를 보네
만인萬人을 위한
작지만 큰
그대 일인一人의
살가운 미소를 보네

- 2010. 10. 27. 충북신협 이사장 연수

깊은 산속 옹달샘에서

– 푸른 잎의 생이 되어…

숲은
장엄한 심포니처럼
저 마다의 빛깔과
그리움으로 일어서서
돌아서는 길목마다
마른기침처럼 사그락대는
낙엽을 떨궈내고

세상이 우리를 제 안에 두듯이
바람은 살아있는 것들이
미처 전하지 못하는 이야기까지
담아 보내기도 합니다

숲에서는
침묵으로 발자국을 남기고 걸어도
여전히 바스락거리며
나지막한 목소리로
조곤조곤 대답하는데…

다시 올 수 있다는 믿음이
손 흔들며 뒤돌아설 수 있는 이유일까?
당신과 처음 함께한 언약으로
흔들리면서라도 노래해야 할 이유
깊이 묻혀서라도 기억해야 할 이유로
저 산 정수리에 다시 서고 싶습니다

나 그댈 위해
떨쳐버리고 싶지 않은 시간 속
무수한 기억의 새떼로 날아올라
언제나 비 오는 하늘을 가려 주겠습니다
당신 기억 속에 담기고픈
푸른 잎의 생이 되어…

어느 요양병원에서

"오셨어요?"

늙은 간병사의 인사말은
늘 무표정하고 간단명료하다
어쩌다 한 마디 덧붙일라치면
"토요일은 어찌 용케 아시고
아무도 안 오냐고 성화셔요."

한 병실에 네 분의 뇌졸중 환자가
마주 보며 누워있다
자신의 의지로는 앉고 누울 수도 없는 데다
치매까지 겹친…
그래도 천하와 바꿀 수 없는
고귀한 생명生命들이
낯설지 않은 방문객에게
시선을 고정시키고 있다

언제나처럼
귤 한 개씩을 나눠드리며
역한 내음에도 익숙해진 자세로
눈을 감고 손을 모아본다

연신 야단치듯 화만 내고 있는 할머니,
흐릿한 망막으로 히쭉히쭉 웃으며
배회하는 불혹의 사내,
"마귀를 물리쳐 주시옵소서."

온종일 기도하는 권사님
햇수로
벌써 5년째건만
병실에 들어설 적마다
삶에 대해 겸허해지지 않을 수 없다
"건강하세요.
행복하세요."
입버릇처럼 되뇌이던
인사말이 여기선
왜 그리 어색한지도…

아직도 삶의 질을 보장받지 못하는
서러운 영혼의 40병상
벌떡 일어나 걸어 나갈 수 있는
기적은 일어나지 않는 걸까?

오늘도 똑같은 나의 기도는
달리다굼*…
달리다굼…

- 달리다굼 : 아람어로 "소녀야 일어나라"는 뜻으로 예수께서 죽은 소녀를 잔다며 일어나라 했을 때 벌떡 일어나 걸어갔음

제5부

(시조)

들길

냉이

묵정밭 언 땅 위에
다사론 햇살 지펴
봄 캐는 바구니엔
그리움도 하나 가득
오마고
하잖은 약속
애태우는 여린 맘

냉이꽃 꽃다지야
피었다 지고 펴도
못 전한 이 사연을
어디메 띄워보랴
산모롱
돌아서 울던
노루 사슴 첫사랑

아침 산책

신 새벽
눈 부비고 혼자서 부산 떠네
약수터 오르는 길
찬 이슬 걷어 채며

오늘도
개밥바라기
혼자 보다 옵니다

영산홍

몰래 한 짝사랑에
낮달도 부끄러워
행여나 달뜬 마음
뉘라서 알랴마는…

기어코
떠나보내고
혼자 하는 속앓이

벌초伐草

황토길 시오리가
그리도 멀었던가
설한풍雪寒風 가슴 에던
장일葬日이 어제련데

웃자란
잡초를 보며
내리사랑 깨닫네

백로白露

어스름
푸섶마다
가을이 묻어왔네

귀뚜리
푸념 속에
마음만 스산한데

공들여
다독거려도
빈 쭉정이 詩의 밭

어머님 추도예배追悼禮拜

처서處暑에 비가 오면
독 안에 쌀 준다던

사진 속 어머님이
흰 고무신 벗어놓고

휭하니
다녀가셨네
동동걸음 총총히

허수아비

해질녘 사부자기
들판에 홀로 서서
마뜩한 찬바람도
외곬로 받아내고

고즈넉
비워 버려서
다시 찾은 옛사랑

들길

꿈인 듯
걸어가던
그 길에 다시 서니

수줍은 갈래머리
낮달도 부끄러워

화들짝
뒤돌아보니
그 옛날이 반세기

호암지虎巖池

어쩌랴 옛사람은
찾아도 흔적 없고
무심한 오리만이
물 위에 노니는데

잃어진
마음 한 조각
팔각정에 떠 있네

벚나무 산책길에
올해도 단풍들어
눈 들어 바라보니
계절이 깊었는데

오도카니
앉아 기다린
목의자만 외로워

무릉계곡武陵溪谷

두타산頭陀山 기암절벽
용추폭포龍湫瀑布 내린 물이

억겁의 옛 모습을
어제런 듯 품었는데

무심한
저녁노을에
서두르는 귀갓길

소리길

해인사海印寺 천년 고찰
불심佛心의 구국일념救國一念

물소리 바람 소리
귀를 씻는 소리 길은

세상사世上事
내려놓으란
가야산伽倻山의 큰 기침

단양찬가丹陽讚歌

남한강 내린 물에
단풍이 붉게 타면

수려한 도담삼봉嶋譚三峰
팔봉이 발밑인데

선현先賢 뜻
날로 새롭다
단구동문丹丘洞門 옛 글귀

최종진
다섯 번째 작품집
가을 강가에 서서

제6부

—

세월이 여류해도 꿈은 차 오르고…

제주에서 · 1

에메랄드 빛 파도는 연신 널름이며
묵은 시름을 벗어 놓으라 철썩대고
아직도 제철같이 푸른 수목과
돌하르방의 보일 듯한 미소 역시
그럴 수만 있다면
켜켜로 쌓인 근심까지
훌훌 떨고 가라 속삭이네

혼자 있어도 혼자가 아닌
웃고 있어도 결코 즐거움이 아닌
나 아닌 태고의 아담이 되어
나는 자꾸 빈 하늘을 우러르며
아래 주머니 깊숙이 손을 찌르고 마네

돌이켜 보면 벌써 인생의 절반을
훨씬 넘게 소비해 버린
귀밑머리 희끗한 지천명의 사내는
간밤도 불면으로 뒤척일 수밖에 없었구나

사랑하는 사람아!
사람은 무엇으로 산다 하였는가?
그 마음속에 사랑이 있어 살아간다 했던가
그래, 입때껏 그 작은 소망의 불씨 하나 없어
저리도 많은 이웃들의 가슴을 시리게 한 적 있었다면
이젠 버릴 일이다
아집과 독선을…
불순종과 시기와 눈흘김도…

내 작은 눈길 하나로
따순 말 한마디로
겨자씨만큼이라도 세상이 밝아질 수 있다면
나는 기꺼이 그리하고 말겠네
보게나!
천 년을 두고 씻어내린
저 천지연天地淵 폭포수의 굉음轟音을 들으며
다시는 세상을 물로 심판하지 않겠노라는
약속의 증표로 노아에게 보여주신
오색 무지개처럼
오늘 이 낯선 섬 제주의 하늘 위에도
은혜로운 햇발이 저리도 두루 빛나고 있음을….

제주에서 · 2

험상궂게 후려치는 파도 앞에
난 아무 말도 할 수가 없었네

입동을 넘어선 알알한 동짓달 바람이
그림 같은 '주상절리' 높낮은 해변을
오르내리는 발길이거나
이국적인 '용머리 해안' 석회암 조붓한 길을
아슬히 걷던 그때까지도…

시름 같은 파도는
성냄을 결코 더디 하지 않아도
이윽고 밤은 다가와
조어등 화안하게 불야성을 이뤄놓고
고달픈 어부들 하루 삶이 시작되는가?

나 이제 바다 앞에 서면
내가 누군 줄 비로소 알 것 같네
한량없이 왜소하고
낮아져 겸손해야 할 이유를…

여지껏 치기처럼 버텨왔던 젊음이거나
거룩히 섬겼던 현실의 군상들이
결국은 드러나 깨지고 말
'바알'의 신상들이었네

'하멜'처럼 바다 아닌 세상을 표류하다
지친 몸 이끌고 '죽음마저 은혜'라 하신
어지신 당신의 옷깃을
부여잡기 원하네

사랑의 동산을 향하는 열여섯 형제들의
함박 같은 웃음이 까르르 부퍼뜨는
제주의 황혼에 서서….

- 2005. 11. 15. 효성신협 임원 연수

본향을 향하는 순례자의 길

'너는 너의 본토 친척 아비집을 떠나 내가
네게 지시할 땅으로 가라'

거기가 진정한 본향의 길이었네
바라보니 멀고도 험하여
그저 아득하기만 하였네

왜 비바람 몰아치는 폭풍의 밤은
없었겠으며, 흉용히 뛰노는 파도를 보며
가슴 졸여 나아가지 못했던 칠흑같이 어둔
밤은 없었으랴

거룩한 말씀 하나 붙잡고, 언약의 성취를
바투 잡고 언약궤를 메고 가는 베스메스의
암소처럼 *우림과 둠밈으로 무장되었으니
뒤돌아보지 말고 가라 이르셨네

'가리다. 내가 이제 곧 가리다. 죽으면
죽으리다.'
필사의 신념과 외길 택하여 걸어온 지
20여 년!

구름기둥과 불기둥으로 지켜주신 그 은혜
그 사랑 놀라워
오늘도 본향을 향하는 순례자의 길은
찬송과 기도로 생명력이 넘쳐흐르네

흩어진 양 무리를 잔잔한 시냇가로
인도하고 좋은 꼴을 먹이기 위해
주의 지팡이와 막대기를 주셨으니
보소서!
주님 은혜의 잔이 넘치나이다
60여 년 질고의 세월 속에 이제 찬연히
빛날 새벽별 '효성'을 위해
혼신의 열정을 쏟아 부으리

사랑의 주님! 이제껏 본향을 달려온
순례자의 땀을
서늘한 바람으로 식혀주시고
치달아 비상하는 독수리의 날개처럼
곤비치 않도록 건강도 지켜 주소서
우리는 임마누엘의 축복을 믿습니다

저 백향목과 수선화가 피어나는 생명 강가를
우리 모두가 바라며
기쁨으로 가리다 구복이 터져라
찬양하며 가리다

할렐루야!!

- 우림과 둠밈 : 빛과 진리
- 최순동 목사님의 근속 20주년과 60회 생신을 축하하며

기쁨의 단을 쌓겠습니다

씨 뿌리는 자의 땀을 보신 적이 있습니까?
비바람 때문에
혹은 가뭄으로
행여 싹이 트지 않을까
가라지가 여린 순을 자르지는 않을까
노심초사 하는 마음을 헤아려 본 적이
있으십니까?

세상이란
미지의 밭에 떨궈놓은 씨앗이
그저 튼실하게 자라기만을
바라지는 않으셨습니까?
우리 모두 겸허히
밀레의 '만종' 부부처럼
머리를 숙여봅시다

또, 냉기 가득한
추수 끝난 들판에 서서
진정 우리가 거두려 했던
단이 무엇이었나 생각해 봅시다
사랑과 용서의 씨를 뿌리며

자비와 양선의 씨를 뿌리며
봉사와 희생의 씨를 뿌렸다면
우리는 분명
기쁨의 단을 거둘 수 있을 것입니다

사랑으로 오신 주님!
이제 우리 모두 기쁨의 단을 거두기 위해
지금도 추수할 일꾼을 부르고 계시는
주인의 음성에 수건 질끈 동여매고
“주여! 내가 여기 있습니다.”
하고 냉큼 소리치며 나서렵니다

더 이상 내 영혼이
헛헛해지지 않기를 원합니다
그래서 이 계절엔
채워서 풍족한 넘침보다는
가지고 지닌 것 나눠주고 비워두는
반내림의 여유를 배우고 싶습니다
하지만
내 영혼의 알곡은
저 좀도 녹도 슬지 않는 천국 곳간에

기쁨의 단을 쳐서
차곡차곡 쌓아 두렵니다

- 2006. 추수감사주일에

영광의 면류관

그날 못 박는 쇠망치 소리 그치자
하늘의 해도 빛을 잃고
세상은 흑암으로 가리워졌네

이제 우리의 소망은 사방천지 그 어디에도
찾을 수 없어 탄식 소리 높았지만
사망 권세 이기시고
우리 주님 다시 살아나셨네
생명의 구주 부활하셨네

어둠과 추위를 이기고
힘찬 생명력으로
잎이 돋고 꽃들이 피어나듯이
저 오묘한 창조주 하나님의 섭리와 능력이
지금 온 땅에 가득합니다

은혜의 주님!
우리도 항상 우리의 십자가를 감당케 하시고
겟세마네 기도를 기억케 하셔서
생명의 주만 바라고 살아가게 하여 주시옵소서

이 세상 영원한 것이 어디 있겠으며
평안과 기쁨을 어디서 찾겠습니까?
오로지 주님께서 주시는 말씀과 은혜만이
목마르지 않다 하셨사오니
주님! 우리에게도 영생의 샘물을 나눠주시옵소서

막달라 마리아같이 부활의 첫 발견자 되어
부활의 잔치에 참여하는 믿음 되길 간구합니다
이 시간 우리 효성의 동산에 오셔서
빛나는 별이
밝은 길이
찬란한 꿈이 되게 하소서

주님의 부활이 이보다 기쁠 수 없어
영광의 면류관 드리오니 받아주시옵소서

세월이 여류如流해도 꿈은 차오르고…

산나리 피고 지던
풋보리 바심질 산녘에
기억도 삼삼한 암울했던 60년대

눈 맑은 여인 하나 있어
코흘리개 아이들 눈을 뜨이게 했었지
올곧고 바르거라. 이르신 어진 뜻
그 철학 바탕으로 아우른 70평생

뒤돌아보니 아득해라
굳은 신념 내리사랑으로 살아온 가시밭길
상전桑田이 벽해碧海되니
튼실한 세 가지 모두
사람 낚는 어부가 되었구나

누가 일러 인간칠십고래희人間七十古來稀
라고 하였던가?
눈 속에서도 푸른 사철나무처럼
세월이 여류如流해도
꿈은 마냥 차오르는데…

저렇게 애드벌룬처럼 부퍼 피는데…
오늘 예가 벧엘이고나
한껏 사랑으로, 은혜로 충만하구나

- 2004. 7. 10. 000님의 고희를 축하드리며…

감사의 시 · 1

– 물결 위를 걸으라 하신…

생명과 호흡을 주신
우리 주님!
마음과 정성 모두어 감사드립니다

새소리 정겨운 아침과
햇살 가득한 한낮이며
별이 빛나는 밤에도…

항시 우리를
당신의 섭리 안에 머물게 하시고
보호하여 주심에…

비록
우리 가는 길이 멀고도 험하며
세상 파도가 산같이 몰려와도
우릴 버리지 않으시고
여전히 웃으시며
물결 위를 걸으라 하신…

은혜의 그 주님께
오늘도 감사 기도드립니다

감사의 시 · 2

– 소망의 싹을 틔워

폭풍우 지나간 바위 틈새
살며시 비집고 피어난
들꽃 한 송이 보았습니다

내 마음 원망과 미움으로
가득 찼던 그날도
여전히 사랑으로 다독여 주신
그 음성 기억하며 감사드립니다

기도는 언제나
소망의 싹을 틔워 희망을 갖게 하고
감사의 열매로 맺어집니다

이제 혼자
아파하지도 울지도 않겠습니다

주님 날 사랑하는 그 마음이
예쁜 단풍잎보다 더 곱고
또박또박 써서 보내온
그림엽서보다 더 맘 설레게 하니

오늘도 행복하다고
내 모든 것 통털어
감사 기도드립니다

로뎀나무

갈 길 멀고 험해
주저앉고 싶을 때

뜨거운 볕 가려주고
비 그을 초막 같은
한 그루 초록이 무성한 나무
저만치서 나를 부르네

엘리야가 그늘에서
쉼을 얻고 힘을 얻었듯…
죽음에서 생명生命으로
절망絶望에서 소망所望을 찾았듯…

내가 겪는 이 작은 아픔도
분명 축복祝福의 길일진대
오늘도 노래하며 가려네
내 本鄕 찾아…

- 2014. 8. 8.

하늘재에서

지릅재 뒤로하고
삼한의 옛 땅
하늘재 오르는 길

우거진 송림 속에 개울물 소리 청량하고
은혜로운 햇살 아래 하늘은 짙푸른데
공평하신 하나님 은혜
온몸을 적셔오네

시기와 원망일랑…
찌든 세파의 우수 사리는
저만치 접어두고
내일을 걱정 않는
공중 나는 저 새처럼
가벼워질 일이다

한가롭고 여유로운 저 길 위에
쌓인 낙엽처럼,
풍상을 견뎌 낸 저 침묵의
바위에 낀 이끼처럼,
소망을 안고 쌓아올린

작은 돌탑처럼,
국가를 선양한 김연아 닮은
소나무처럼,
긍정의 마음으로
오래 참고 견뎌서
우리에게 맡겨진 소명

아낌없이 주님 위해 쓰고 가세

- 2014. 10. 18. 충주노회산악회 하늘재 산행에서

희년의 나팔을 불며

아득히 멀기만 했던 여명
혼돈과 무지 속에
푯대마저 어슴푸레한
이 신앙의 불모지 위에
1946년 9월 15일 초가을
낡은 지붕 꼭대기 위로
새벽별曉星처럼 찬연히
올려졌던 십자가의 사건

주님!
진정 거룩한 저 행적은
과연 누구의 뜻이옵니까?
어느 분의 섭리입니까?
반세기를 여류한 세월 속에
눈 있는 자가
경이롭게 바라보았고
귀 있는 자 또한
새벽을 깨치는 종소릴 들었었고
어눌했던 입을 열어
복된 소리 전하는
그 음성까지도 기억하시겠지요

황폐한 우리의 가슴을
사랑의 단비로 흠뻑 적신
당신은 정말 크신 이로소이다.
이제 우리 모두는
뜨거운 신앙의 일체감으로

성숙한 소망을 안고
21세기를 향해 힘차게 내닫는
장성한 어른이 되렵니다
또 오래 참고 사랑의 끈으로 결속하여
하나를 이루는 효성인이고 싶습니다
희년의 나팔을 힘차게 불며…

- 1996. 9. 15. 충주효성장로교회 창립50주년(희년)을 맞이하여

최종진
다섯 번째 작품집
가을 강가에 서서

詩評

—

츤데레,
그리고 소확행

■ 시평(詩評)

츤데레, 그리고 소확행

김 영 대

(문학박사 · 평론가)

1. 시인 만나기

최종진 시인은 언제나 변함이 없는 사람이다. 늘 말쑥한 차림에 검소하고 성실한 모습이다. 한마디로 평생을 모범생처럼 삶을 살아내는 사람이다. 그리고 그러한 삶 속에서 자신만의 시선을 통해 자연을 바라보고 사회를 인식하며 주변에 대한 애정 어린 관심을 견지한다. 최종진 시인의 이러한 삶의 태도는 그의 시를 통해 잘 드러난다. 주변의 사소한 것 하나에도 관심과 사랑을 보내는 사람이 최종진 시인이다.

어느 날인가 최종진 시인과 점심 식사를 했을 때의 일이다. 연잎에 싼 밥이 주식이었는데 식사를 하다 말고 밥이 싸였던 연잎을 주섬주섬 챙기며 "연잎이 말이야 참 버릴 게 없이 고마워, 살아서는 늪지를 정화하고 개구리 붕어 같은 수생 생물들에게 보금자리도 만들어 주고 인간들에게는 이런

맛난 음식을 만들어 주는 것을 보면 말이야." 그리고 며칠이 지나서 그의 사무실에서 만난 연잎은 하나의 작품으로 변해 있었다. 곱게 펴서 말려진 연잎 위에 그의 시가 자리하고 있었다. 그리고 다시 몇 주가 지나서 다시 찾은 예의 연잎 밥을 하는 식당에 그의 연잎 작품이 걸려 있었다.

소확행, 요즘 세대의 젊은이들이 추구하는 '소소하지만 확실한 행복'을 이미 그는 체화시켜 살아가고 있음이다. 시여기인詩如其人, 그의 시도 또한 그러하다.

그의 시를 한마디로 요약하면 '소소한 것들에 대한 사랑과 거기서 얻어지는 행복감'이라 할 수 있다. 자연에 대한 끊임없는 관심과 사랑, 긍정적인 사회 그리고 가족과 주변에 대한 애정 어린 관심이 그의 작품 전편을 관류한다.

2. 부드러움과 여유 그리고 깨달음

시인이 시를 쓰는 이유는 크게 두 가지일 것이다. 시인 본인을 위해서, 아니면 시를 읽어 줄 독자를 위해서이다. 자신의 삶의 여정을 시라고 하는 문학 형태를 통해 표현하는 것이 바로 첫 번째 경우일 것이며, 이는 인간의 자기표현 욕구의 발현에 속할 것이다. 인간은 누구나 자신의 내재된 감정을 표현하고자 하는 욕구를 가지고 있으며 이의 실현이 문학이며 시가 되는 것이라고 하는 것은 아주 오래된 전통적인 문학의 정의와 관련을 갖는다. 이는 다분히 자기중심적인 측면이 있다. 자기표현 욕구의 충족을 통해 카타르시스를 경험하기 때문이다. 즉 자기 만족을 위해 글을 쓰는 것이라 해도 과언이 아니다.

둘째는 누군가에게 감동을 주고자하는 효용론적인 측면이다. 감동은 타인을 변화시켜 사회에 긍정적인 효과를 가져다주기 때문이다. 시인이 시를 통해 할 수 있는 가장 큰 역할일 것이다. 독자들에게 감동과 카타르시스를 경험하게 하고 이를 통해 정서적인 안정이나 희열감을 줄 수 있다. 한마디로 시를 통해 독자에게 만족감을 주는 것이다.

최종진 시인의 대다수 시들은 생활 속에서 보이고 느껴지는 자잘하고 소소한 것들에 애정을 가지고 일기를 쓰듯 자신의 생각과 감정을 시의 형태를 통해 표현해 내고 있다. 일종의 자기표현 욕구의 발현이라 할 것이다. 그리고 읽는 이에게 자잘한 파문을 일으켜 미소 짓게 해 준다.

자유롭지 않아서
강으로 간다

속을 보이지 않는
빛나는 마음 하나
조용히 만나고 오면
잊은 듯 두고 와도
허전하지 않은 게 있다

… 〈중략〉
간판도 없고, 주소지도 없고

저장할 전화번호도 없지만
가장 빨리 앞서가고
가장 오래 남는다

－「강을 만나며」 부분

최종진 시인의 시어들은 자연 친화적이다. 그의 시 도처에 자연과 관련된 시어들이 있으며 또 그 속에서 삶의 진리를 발견해 내고 있는 것이 시인의 모습이다. 특히 산과 강은 우리 민족의 정서와는 뗄레야 뗄 수가 없는 존재들이다. 그 많은 학교들의 교가에 산과 강이 빠지는 경우가 거의 없다 해도 과언이 아니다. 이는 우리 민족이 산과 강으로부터 얼마나 많은 영감을 받고 또 얼마나 큰 정서적인 위안을 받고 있는지를 잘 보여주는 예라 할 수 있다. 또한 그 산과 강이 주는 정기를 이어 받아 오고 있음을 부인할 수 없을 것이다. 시인 또한 늘 산과 강을 통해 위안과 힘을 얻어 오고 있음을 우리는 확인할 수 있다. 「강을 만나며」는 자연을 통해 얻는 정서적인 위안이 얼마나 지대한가를 잘 보여준다. 시의 화자는 마음이 불편해지는 일이 생기면 강을 찾는다. 그리고 거기서 치유와 화해를 얻고 있다. “속을 보이지 않는/빛나는 마음 하나 조용히 만나고 오면/잊은 듯 두고 와도/허전하지 않은 게 있다” 나는 그에게 속을 보이지만 그 속을 알 길이 없다. 그러나 그 강을 바라보고 속을 드러내 놓고 오는 것만으로도 충분한 치유가 이루어지고 있는 것이다. “간판도 없고, 주소지도 없고/저장할 전화번호도 없지만” 하면서 거리감을 유지하려 하지만 “가장 오래 남는다”를 통해 강이 화자에게 있어 얼마나 큰 의미가 되고 있는지를 자인하고 있는 셈이다.

그대 보고픈 날은
구도의 순례자처럼
찾아가는 보개산寶蓋山

천년 고찰
멈춰버린 시간 속에
대웅전大雄殿 뜰 모퉁이
나목의 감나무
까치밥만이 보시인 양 외로워라

삼성각三聖閣에 촛불 켜고
빌어보는 속세 기원
기왓장에 그 뜻 다시 새기면
여인의 꿈도 이뤄질까?

갇혀있는 목어木魚는
오늘도 두 눈 뜨고
살아생전 생불하라 이르고
비로소 그날 범종과 법고도
함께 소리 내어 울겠다 하네

－「각연사覺淵寺」 부분

괴산 보개산에 각연사라는 천년 고찰이 자리한다. 이 절의 대웅전에 모셔진 부처님이 석조 비로자나불인데 각연사 창건 전에 이곳이 연못이었으며 그 속에서 빛을 발하고 있는 석조불을 찾아내어 모셨다는 설화가 전해진다. 사찰명에서도 보이듯 깨달음과 관련이 있는 곳이며 주불로 모셔진 비로자나불은 일반적으로 지혜 광명을 상징하는 법신이다.

"그대 보고픈 날은/구도의 순례자처럼/찾아가는 보개산寶蓋山" 일정한 거리감을 유지하는 도입부로 무심한 듯 수시로 부담 없이 찾을 수 있는 보개산을 제시한다. "기왓장에 그 뜻 다시 새기면/여인의 꿈도 이뤄질까?" 짐짓 자신이 아닌 다른 이 '여인'을 화자의 대상물로 내세워 관조적인 태도를 취하지만 이는 화자 자신을 대상화한 것에 다름 아니다. 사실은 화자 자신의 소원을 부처님이 이루어 주실까? 의 의미를 짐짓 모른 체 하기를 통해 형상화하고 있는 것이다.

황톳길 시오리가
그리도 멀었던가
설한풍雪寒風가슴 에던
장일葬日이 어제련데

웃자란
잡초를 보며
내리사랑 깨닫네

－「벌초伐草」 전문

최종진 시인은 참으로 재주가 많은 사람이다. 20대에 시작한 공직 생활을 정년으로 마쳤으니 근 사십 여 년을 공직에 머물렀을 터인데 그 많은 끼를 가지고 잘도 버텼다는 생각이 들곤 한다. 정말 못하는 게 없는 팔방미인이라는 말도 과언이 아니다. 음악이면 음악, 글씨도 수준급이며 작시作詩는 말할 것도 없고 이제는 시조에 있어서도 상당한 진전을 이루었음을 본다.

평시조의 형태로 만들어진 시이다. 음수율은 물론 음보율을 잘 살려내고 있다. 아마도 부모님의 묘소 벌초에서 느껴진 감정을 노래한 듯하다. 첫 번째 연은 시조의 초장과 중장 두 개의 장과 4개의 구로 이루어져 있으며 멀지 않은 곳에 모셔진 부모님의 묘소에 자주 찾아뵙지 못한 회한을 담고 있다. 그리고 두 번째 연은 종장으로 2개의 구로 이루어져 있으며 부모님의 사랑을 다시금 깨닫는 내용을 담고 있다. 흡사 40수의 연시조로 되어 있는 정인보鄭寅普 님의 '자모사慈母思' 한 수를 보는 듯한 느낌을 준다.

먼 산
잔설이 을씨년스러워
초아침
핼쓱한 내 창가에
아슬히 내려와
다분다분
희망 같은 길조吉兆를
늘어놓고 있구나
여태껏 오도마니 앉아서

–「까치를 위하여」 전문

시에서 시인은 화자를 통해 독자에게 말을 건넨다. 그리고 시에 나타난 화자는 때로 삶과 자연에 대해 긍정적이며 지지하는 예찬적 태도를 보이기도하고 때로는 사회현상이나 부조리에 대한 비판적 태도를 취하기도 한다. 그리고 세상사나 자연물에 대해 무심한 듯한 관조적 태도를 취하기도 한다. 이중 관조적인 태도는 대상에 대해 무심한 듯한 태도를 취하기는 하지만 그 주변에 독자들이 읽어낼 수 있는 다양한 장치를 마련해 두고 있다. 잔설이 남아 있는 어느 겨울 이른 아침의 풍경이다. 창가에 까치 한 마리가 내려앉아 모이를 쪼고 있는 모습이 연상된다. 하나의 작은 액자 속에 등장할 법한 풍경이다. 단순히 풍경만을 제시하고 있는 듯하지만 까치가 지니는 상징성을 통해 '희망 같은 길조吉兆'를 이야기하고 있다.

신새벽
눈 부비고 혼자서 부산 떠네
약수터 오르는 길
찬 이슬 걷어 채며

오늘도
개밥바라기
혼자 보다 옵니다

–「아침 산책」 전문

이 시 역시 형식적인 측면에서 앞의 시 「벌초」와 유사하다. 초장과 중장이 한 연으로 종장이 둘째 연으로 표현된 평시조이다. 시의 흐름은 담담하다. 아침 일찍 일어나 개밥바라기 별을 보며 약수터에 이르는 길을 산책하고 돌아왔다는 의미이다. 그러나 시에 있어서 '약수터' '찬 이슬' '개밥바라기' '혼자' 등의 주요 시어들이 독자들의 배경지식이나 경험

이미지를 통해 달리 받아들여질 수 있다. 따라서 언어가 곧 의미라는 등가적인 의미를 넘어 수용자인 독자들에 의해 다양하게 해석 될 수 있는 것이다.

3. 늘 새롭게 발견하기

최종진 시인의 시선은 늘 주변을 향한다. 고향의 산과 들 그리고 강, 바람 등 자연에 그의 눈길이 머문다. 가족을 비롯한 가까이 있는 사람과 사물에 대한 애정이 진한 향기로 피어오른다.

그는 독실한 크리스찬이다. 그러나 그의 정신세계를 보여주는 다양한 시어들을 통해 짐작해 볼 때 유교와 불교 등의 전통사상이 기저에 자리하고 있음을 확인할 수 있다. 어쩌면 너무나 당연한 일일 것이다. 그가 살아온 세상이 여기이며 우리 사회가 지니고 있는 것이 그것이기에 전통사상과 거리가 생긴다는 것은 또한 세상과 섞일 수 없음을 의미하는 것이리라.

그의 시선이 자리하는 곳에서 그는 일종의 질서를 추구한다. 어수선한 것으로부터의 탈피를 꿈꾼다. 그것이 때로는 스스로를 비우는 행위를 통해서 나타나기도 하고 대상에 대해 우회적인 꼬집기를 통해 드러나기도 한다. 짐짓 무심한 척하기를 통해 화자와 대상 사이의 거리를 확보하는 것으로

적당한 긴장을 만들어 내지만 결국 따스한 마음이 감추어져 있다. 요즈음 유행하는 말로 '츤데레'쯤에 해당할 것이다.

시인은 늘 반듯하게 삶을 살아내고 있으며 그러한 그의 삶의 태도에 그의 종교가 큰 역할을 하고 있음 또한 분명하다.

미련 없이 버렸다
30년을 훌쩍 넘긴 남루의 흔적을…
한 해 다 가도록 입지 않은 양복이며 티셔츠,
유행 지난 거라며 닦달하는 아내의 성화에
상표마저 떼지 않은 것조차…

비인 화분과
피어나는 야생화도 이웃에게 나눠주고
장롱 깊숙이 모셔 둔 빛바랜 원고들…
거기 촘촘히 써내려 간 각종 기념 축사와
수기手記, 습작의 시 나부랭이 뭉치들을
쓰레기통에 차곡차곡 담는다

4~5개의 월간지
족히 10년치나 쌓인 걸
모두 자루에 담아 버린다
각종 수상 기록까지…
그러고 보니 살아감의 증표가 되었을
수많은 "증"과 "장"이 이제는 덧없고
한 장의 휴지조각에 불과해 보인다

웃고 있는 패기 어린 젊은 시절
흑백사진으로부터
회갑 기념 해외여행 사진까지
이젠 모두 파쇄破碎해서 버리리라

아까워 주저할 것 없이
비로소 버리고 나면 홀가분해질 테니…
그래도
얼마를 더 버려야
정말 탈속하게 가벼워지고 깡똥해질까?
아직도
회한처럼 쌓여가는 내 삶의 우수 사리…
치기 어린 자신감마저
비우고 버릴 일이다

-「이사를 하며」 전문

최종진 시인이 아직 현역으로 공직에 있을 때의 일이다. 이사를 한다는 이야기를 듣지 못했는데 '집들이를 한다.'며 뜬금없이 지인들 몇몇을 초대했다. 초대된 곳은 25년을 살아온 변함없는 그의 집이었다. 어리둥절해 하던 지인들이 둘러보니 벽지와 장판이 바뀌어 있더란다. 올곧은 길만을 찾으며 살아온 그답다는 생각을 했다. 얼마 전 드디어 정말 이사를 했다는 이야기를 들었다. 아마도 그 오래된 집에서 이사 준비를 하며 생산된 작품이리라. 이 시에서 화자는 당연스럽게 작가와 일치한다. "살아감의 증표가 되었을/수많은 "증"과 "장"이 이제는 덧없고/한 장의 휴지조각에 불과해 보인다" 무상함이나 무력감으로 보일 수 있지만 그와는 거리가 있다. 보다 가벼운 삶을 통해 새로움을 추구해 가겠다는 의지의 다른 표현이다.

"얼마를 더 버려야/정말 탈속하게 가벼워지고 깡똥해질

까?/아직도/회한처럼 쌓여가는 내 삶의 우수 사리…/치기 어린 자신감마저/비우고 버릴 일이다" 비우는 일은 쉽지 않은 일이다. 비운다는 것은 내가 가진 것을 내려놓음이며 내가 가지고 싶은 욕망을 잠재우는 일이다. 생활인으로서 쉽지 않은 것이 바로 '비우기'이다. 말로야 '내려놓아야 행복해질 수 있다'는 그럴 듯한 말을 쉽게 주고받지만 그것이 결코 쉬울 수만은 없는 일이다. 그의 삶에 내공이 읽히는 부분이다.

… 〈전략〉

바라노니, 차주들이여!
마음의 길을 넓히면
좁은 세상 나다니기가 얼마나 수월하실꼬

－「길 위에서」 부분

누구나 한번쯤은 경험하는 일이다. 처음 운전을 하게 되면 오직 자신의 차를 운전하는 일에 몰두되어 다른 차들이 보이지도 않고 그 길은 좁게만 느껴진다. 그러다가 숙달이 되면 다른 차들도 보이기 시작하고 길이 결코 좁지 않음 또한 깨닫게 된다. 사실은 매우 일상적인 이야기이다. 일상 속에서 깨달음을 얻는다. 세상은 좁지도 않고 우리 스스로가 질서를 지키며 살아간다면 좁은 길이 넓어져 소통이 더욱 원활해질 것인데 마음을 열지 않음이 결국 무질서와 함께 소통의 어려움을 가져온다는 의미이다. "바라노니, 차주들이여!/마음의 길을 넓혀" 마음을 열고나면 세상 소통이 얼마나 자유롭겠는

가라는 말로 근시안적인 자기중심적인 사고에서 벗어나지 못하고 있는 세태를 우회적으로 표현하고 있다.

감추어진 발톱 밑에 흐르는
흐느적대는 이 평화
굳이 세상을 위해 자신이 길들여진다는
어설픈 생각은 잠시 보류하고
그저 가파른 저 능선 고지를
먼저 점령해야만 한다

포복한 그대들은
숨소리도 죽여라
가는 길 수하에 불응한 자
지위고하 없이 사살하라
이윽고 승리의 휘파람 불며 오른
나른한 귀갓길
메마른 들풀들은
뽀오얀 흙먼지를 뒤집어쓰고서도
저리도 꿋꿋이 서있구나

… 〈하략〉

－「치타cheetah를 위하여」 부분

최종진 시인의 시의 소재는 주로 주변에서 얻어지는 것들이다. 주변의 자연물로부터 시작되는 정서와 깨달음을 노래한다. 그러나 이 시는 흔히 보이는 자연물이 아니다. 여느 시와 이 시는 그의 시작詩作 태도가 다르다는 이야기이다. 경景에서 출발하여 정情으로 향하는 노선이 일반적인 그의 시작

태도였다면 이 경우는 반대로 정情에서 출발해 경景으로 향하고 있다. "감추어진 발톱 밑에 흐르는/흐느적대는 이 평화/굳이 세상을 위해 자신이 길들여진다는/어설픈 생각은 잠시 보류하고/그저 가파른 저 능선 고지를/먼저 점령해야만 한다" 굳이 설명을 달지 않더라도 여기서 객관적 상관물인 치타는 인간을 의미한다. 지금 세대의 사람들은 그 어느 때보다 치열한 경쟁구도 속에서 살아가고 있다. 늘 누구보다 앞서가야 한다는 강박으로 세상을 살아갈 수밖에 없는 것이다. 자신의 욕심을 감추고 평화로운 듯하지만 그의 마음속에는 언제나 먼저 어떤 위치에 도달해야 한다는 경쟁의식을 가지고 있다. 그렇지만 좀 더 큰 의미에서 보면 그러한 삶 자체가 누군가에 의해 획책되고 있다는 것이다. "세상을 위해 자신이 길들여진다는/어설픈 생각"도 해 보지만 자신이 세상에 대한 주도권initiative을 갖지 못했다면 그러한 생각조차도 어설픈 것이다. 오로지 목적을 달성해 내는 것만이 의미를 지닌다. 이것이 바로 야생의 밀림 같은 우리네 삶의 모습인 것이다. 자신의 삶 속에서 또는 젊은이들을 바라보며 지나친 경쟁의식으로 피폐해져가는 세태를 상기시키고 있는 것이다.

… 〈전략〉

어느 날
벽 거울에 비친
부스스한 불혹의 중년을
넋 없이 바라보고서야

이젠
혼자 자리하다 돌아서야 한다는 아픔이
편린처럼 들어와 박히면
"그래 이게 내 현주소이지…"
하며 자조적인 웃음 속에
오늘도 외로운 섬 되어
커피숍을 둥둥 떠다녀 본다.

-「커피숍에서」 부분

시에 있어서 객관적인 구성요소는 언어와 의미 두 가지이다. 그러나 시인의 경우는 언어와 의미 사이의 등가적인 의미에 매몰되지 않는다. 시인은 작품 속에 여러 가지 장치들을 만든다. 객관적으로 제시된 시어들이 주는 기본적인 의미 이외의 분위기라든지 상징성, 운율감을 통해 전달되는 정서 같은 것들이 시인이 마련하는 장치들이다. 이 시에서 제시된 '커피숍'은 누군가와의 만남을 전제로 하는 공간이다. 음악이 흐르고 커피향이 그윽한 곳이다. 후반부의 '불혹의 중년'은 실제 불혹이라는 물리적인 시간이나 나이를 의미하기보다는 세월의 흐름을 의미하는 시어로 이해될 수 있다. 이를 통해 시적 화자가 누군가를 추억하고 있음을 반증하는 의미를 내포한다. "그래 이게 내 현주소이지…"에서 자신의 처지나 입장에 대한 깨달음을 얻게 되며 그 정서는 "외로운 섬"으로 응축된다.

… 〈전략〉

산나리, 개망초, 초롱꽃
이름 모를 풀꽃들이 지천을 이루고
산비둘기, 종다리 느긋이 우짖는
이 DMZ에 평화의 여신은
어디쯤 오고 있는가?
우리의 젊음과 혈기를
충정 어린 구국의 기도로 승화시켜
통일의 문을 열자
한민족 화합을 이루자
함께 손잡고…

－「통일전망대 가는 길」 부분

요즘 세기의 빅 이벤트가 진행 중이다. 우리나라와 북한의 양국 정상이 두 번의 만남을 가졌으며 북미의 정상이 만나고 있다. 어쩌면 우리나라와 북미의 삼국 정상이 한자리에 모여 종전 선언과 함께 삼국의 발전 방안에 대해 논의하는 일이 조만간에 이루어질 듯하다. 우리는 일제로부터 독립 후 줄곧 분단과 질시 속에서 살아왔다. 때로는 이념을 바탕으로 하는 이러한 문제들이 정치적으로 이용되기도 했으며 이는 결국 기득권 세력들의 자기 이익 확보를 위한 행위들로 비춰지기도 한다. 이 작품이 '제24회 통일문예작품 현상공모 우수 1993.10'이라는 설명을 달고 있는 것을 보면 25년 전에 만들어진 작품이다. "한민족 화합을 이루자/함께 손잡고…." 통일전망대를 찾아 여기서 보이는 자연물들의 무상함을 바탕으로 민족화합의 정신을 되살려 나가자는 취지의 내용이다. 이 시집이 기획되기 시작한 것이 수개월 전이라는 점을 감안

하면 시인의 선견지명 또한 가늠해볼 만하다.

4. 결어

문학 작품은 작가에 의해 기호를 통해 형상화되며 이 기호를 분석하는 과정을 통해 독자는 감동과 깨달음 그리고 희열을 느끼게 된다. 작가와 독자 사이에서 독자의 이해과정의 길잡이 역할이 평자의 몫이다. 그러나 그 과정에서 오히려 독자에게 그 시를 이해하는 장벽을 세워 독자들의 시에 대한 접근을 방해하는 일이 비일비재함을 목도하고 있다. 시가 독자들과 거리가 멀어지게 하는데 평자들이 일조하고 있음을 평자의 한 사람으로서 유감스럽게 생각한다.

혹자는 전문적인 용어와 이론을 통한 시평이 독자들의 눈높이를 상향시켜 줄 수 있다는 반론을 제기할 수도 있을 것이다. 그러나 이러한 태도 역시 누구를 누군가가 이끌고 가르치겠다는 고압적인 태도일 수 있음이다.

시는 생산자인 작가에 의해 다양한 의미들이 내재된 유기체로 만들어진다. 독자들은 생산자의 의미를 읽어 내고자 노력하는 자이다. 그러나 그 시는 더 큰 감동을 위해 모호하고 애매한 장치들을 마련한다. 그로 인해 대부분의 경우 독자의 입장에서 보면 시는 어렵고 시평은 더욱 어렵다. 어려운 시는 시를 대중과 유리시키고, 더욱 어려운 시평은 시인과 시를 감동 없는 쓰레기로 만들기가 십상이다. 시는 감정을 온전히 담아야 하며 시평은 시를 읽고 느끼기에 길잡이가 되어야 한다.

최소한의 문학 이론을 바탕으로 최종진 시인의 시들을 살펴보았다. 그의 시들은 늘 주변의 것들에 시선을 주고 있다. 고향, 산천, 가족, 동료 이런 것들이 그 시의 주요 매개어들이며 이를 바탕으로 다양한 의미들을 우리에게 전해주고 있다. 또한 오랜 필력을 바탕으로 시조라고 하는 전통적인 시 형태를 통한 작시作時 그리고 예스러움이 느껴지는 곱고 부드러운 우리 어휘를 즐겨 사용해 고아한 느낌을 주는 다양한 시들을 생산해 내고 있다. 때로는 투박한 지역 어휘들을 사용해 친근한 느낌을 주고 있다. 그는 정말 끊임없이 노력하고 쉼 없이 새로움을 추구해 가는 사람이다.

시인은 격변기의 우리 현대사를 온몸으로 살아낸 산 증인이다. 50년대에 태어나 60년대와 70년대의 산업화를 경험했으며 80년대와 90년대의 민주화 과정을 목도했다. 그리고 밀레니엄의 기대감으로 시작된 경제적 환란기를 함께 해왔다. 그러는 과정 속에서도 때로는 쓸쓸함과 허무감을 보여주기도 하지만 그는 언제나 자연과 주변에 대한 따스한 시선을 거두지 않았고 가족과 사회에 대한 식지 않는 애정을 보여주고 있다. 소소한 것들 속에서 확실한 행복을 찾아가는 시인이다. 소확행! 언제나 그는 옳다.

최종진
다섯 번째 작품집
가을 강가에 서서

■ 저자 약력

- 충북 충주 출생
- 계간 「오늘의 文學」으로 1994년 등단
- 시집 「저무는 소렌토」
  「딜레마의 새」
  「하늘가는 그 길이」
  「아득한 마음이 스며들면」
  「가을 江가에 서서」
  「조팝나무꽃 필 무렵」
- 편지글 「당신의 편지」
  「아직도 다하지 않은 인연」
- 글모음집 「내가 할 수 있는 사랑법」
  「저 높은 곳을 향하여」
  「조팝나무 꽃이 피면」
  「올해도 과꽃이 피었습니다」
  「새벽길을 달리며」
- 논문집 「地方 私設學院의 實態와 政策的 改善方案」
- 현 충주효성신협 이사장

가을 강가에 서서

최종진 시집

발 행 일 | 2018년 10월 1일
지 은 이 | 최종진
발 행 인 | 李憲錫
발 행 처 | 오늘의문학사
출판등록 | 제55호(1993년 6월 23일)
주 소 | 대전광역시 동구 대전로867번길 52(한밭오피스텔 401호)
전화번호 | (042)624-2980
팩시밀리 | (042)628-2983
전자우편 | hs2980@hanmail.net
카 페 | cafe.daum.net/gljang(문학사랑 글짱들)
cafe.daum.net/art-i-ma(아트매거진)

공 급 처 | 한국출판협동조합
주문전화 | (070)7119-1752
팩시밀리 | (031)944-8234~6

ISBN 978-89-5669-944-8
값 9,000원

* 이 책은 교보문고에서 eBook(전자책)으로 제작 · 판매합니다.

* 잘못 제작된 책은 바꾸어 드립니다.

* 이 책은 충청북도, 충북문화재단의 후원으로 발간되었습니다.